AF152397

BEI GRIN MACHT SICH IHR
WISSEN BEZAHLT

- Wir veröffentlichen Ihre Hausarbeit,
  Bachelor- und Masterarbeit

- Ihr eigenes eBook und Buch -
  weltweit in allen wichtigen Shops

- Verdienen Sie an jedem Verkauf

Jetzt bei www.GRIN.com hochladen
und kostenlos publizieren

Till Döring

Vergleichende Rezension: Internationale Beziehungen (Hartmann) im Vergleich zu Theories of World Politics - The Globalization of World Politics (Baylis und Smith)

GRIN Verlag

Bibliografische Information der Deutschen Nationalbibliothek:

Die Deutsche Bibliothek verzeichnet diese Publikation in der Deutschen National-
bibliografie; detaillierte bibliografische Daten sind im Internet über http://dnb.d-
nb.de/ abrufbar.

Impressum:

Copyright © 2003 GRIN Verlag GmbH
Druck und Bindung: Books on Demand GmbH, Norderstedt Germany
ISBN: 978-3-640-52144-9

Dieses Buch bei GRIN:

http://www.grin.com/de/e-book/18503/vergleichende-rezension-internationale-
beziehungen-hartmann-im-vergleich

GRIN - Your knowledge has value

Der GRIN Verlag publiziert seit 1998 wissenschaftliche Arbeiten von Studenten, Hochschullehrern und anderen Akademikern als eBook und gedrucktes Buch. Die Verlagswebsite www.grin.com ist die ideale Plattform zur Veröffentlichung von Hausarbeiten, Abschlussarbeiten, wissenschaftlichen Aufsätzen, Dissertationen und Fachbüchern.

Besuchen Sie uns im Internet:

http://www.grin.com/

http://www.facebook.com/grincom

http://www.twitter.com/grin_com

Westfälische Wilhelms-Universität
Institut für Politikwissenschaft
Grundkurs III: Internationale Politik

Wintersemester 2002/2003

Vergleichende Rezension:

Internationale Beziehungen
(Jürgen Hartmann)

im Vergleich zu

Theories of World Politics
(Part Two aus: John Baylis ; Steve Smith: The Globalization of World Politics)

Politikwissenschaft
Soziologie
Neuere u. Neueste Geschichte
(M.A.)
4. Fachsemester

Inhaltsverzeichnis

Einleitung

„ Die politikwissenschaftliche Teildisziplin der Internationalen Beziehungen macht es dem Neuling auf diesem Feld, der sich zwischen zwei Buchdeckeln kompakt informieren möchte, nicht leicht."[1] Mit diesem Satz, der wie eine Drohung klingt, beginnt Jürgen Hartmann, Professor für Politikwissenschaft an der Universität der Bundeswehr Hamburg, die Einleitung seines Einführungswerkes ,Internationale Beziehungen'. In seinem 255 Seiten starken Buch versucht er dem Leser einen Überblick über das teilweise recht komplexe Gebiet der Internationalen Beziehungen zu geben. Hierbei wird von Hartmann Wert auf eine differenzierte Definition der Begriffe Außenpolitik, Internationale Politik und Internationale Beziehungen gelegt und er kritisiert, dass diese Differenzierung von den meisten Autoren nicht beachtet wird.[2] Der bedeutende Unterschied des Begriffs Internationale Beziehungen zu den Begriffen Außenpolitik und Internationale Politik ist, dass hier nicht nur politische Akteure und Inhalte, sondern ebenso die Handlungen zwischen Staaten und internationalen Organisationen berücksichtigt werden[3], die Hartmann jedoch in seinem Buch bis auf Kapitel 9, in dem Internationaler Währungsfonds, Welthandelsorganisation und Vereinte Nationen besprochen werden, nicht besonders stark berücksichtigt.

,Theories of world politics' ist der zweite Teil des von John Baylis und Steve Smith herausgegebenen Einführungswerkes ,The Gobalization of World Politics' und beschäftigt sich, wie der Titel bereits vermuten lässt, mit den verschiedenen Theorieansätzen der internationalen Beziehungen. Der 110 Seiten umfassende Abschnitt, der im Folgenden mit der Einführung ,Internationale Beziehungen' verglichen werden soll, behandelt die bekanntesten bzw. die am meisten verbreiteten Theorieansätze der Internationalen Beziehungen, wobei jeder dieser Ansätze auf seine Anwendbarkeit auf das Phänomen der Globalisierung geprüft wird.[4]

---

[1] Hartmann, Jürgen: Internationale Beziehungen. Opladen 2001. S.9. (Künftig zitiert: Hartmann: Internationale Beziehungen.)

[2] Vgl. Hartmann: Internationale Beziehungen. S.10.

[3] Vgl. Hartmann: Internationale Beziehungen. S.9.

[4] Vgl Baylis, John u. Steve Smith: The Globalization of World Politics. An Introduction to international relations. Baylis, Smith u. Smith, Steve (Hrsg.). 2.Aufl.. New York 2001. S.139. (Künftig zitiert: Baylis/Smith: Globalization).

Beide Bücher versuchen in relativ knapper Form einen Einblick in Realismus, Liberalismus, die damit verbundene „Neo-neo debate"[5] und Konstruktivismus zu geben. In ‚Theories of world politics' werden auch weniger verbreitete Ansätze, wie marxistische und feministische Ansätze mit einbezogen. Die Autoren beider Bücher vermeiden es weitgehend sich auf einen der dargestellten Ansätze festzulegen. Eine Ausnahme stellt das von Steve Smith verfasste Kapitel ‚Reflectivist and constructivist approaches to international theory' (S.224-249) dar. Hier bezieht der Autor konkret Stellung zu den von ihm in diesem Kapitel besprochenen Ansätzen, betont aber stets, dass es sich um eine subjektive Einschätzung handelt.[6] Jürgen Hartmann hält sich mit subjektiven Einschätzungen in seinem Theorieteil, der ungefähr ein Drittel des Buches ausmacht, zurück. In der Beschreibung verschiedener Akteure und Regionen der Weltpolitik empfiehlt er jedoch am Ende der Kapitel stets eine aus seiner Sicht besonders gut auf die einzelnen Regionen anwendbare Theorie.

Im Folgenden sollen zunächst formale Unterschiede, wie Adressantenkreis, Verständlichkeit, Ziele und Methoden der Autoren verglichen werden um anschließend auf die Darstellung der Theorien der Internationalen Beziehungen bei beiden Büchern einzugehen. Da nicht alle der besprochenen Ansätze im Einzelnen erörtert werden können, sollen Realismus, Neo-Realismus, Liberalismus und Neo-Liberalismus als Beispiele herausgegriffen werden. Abschließend folgt eine nähere Beschreibung der praktischen Beispiele für Weltpolitik in bestimmten Regionen bei Jürgen Hartmann (Die USA, Russland und Europa sollen hier beispielhaft dargestellt werden) und eine kritische Bewertung der beiden Bücher.

2   Formale Unterschiede

2.1   Adressantenkreis und Verständlichkeit

Bei beiden Büchern handelt es sich um Einführungen. Der Adressantenkreis der Werke kann daher relativ eng auf den Kreis der Studierenden der Politikwissenschaft

---

[5] Lamy, Steven: Contemporary mainstram approaches: neo-realism and neo-liberalism. In: Baylis/Smith: Globalization. S.182-199. S.182.
[6] Vgl. Smith, Steven: Reflectivist and constructivist approaches to international theory. In: Baylis/Smith: Globalization. S.224-249. S.227.

eingegrenzt werden. Es werden keine besonderen Vorkenntnisse im Bereich der Theorien der Internationalen Beziehungen vorausgesetzt, dennoch können sie gewiss die Lektüre erleichtern. Bei den Kapiteln drei bis acht in Hartmanns Buch können des weiteren geschichtliche Vorkenntnisse zu den einzelnen Regionen hilfreich sein, da hier bestimmte Entwicklungen in den besprochenen Regionen oder Staaten nicht im einzelnen erläutert werden.

In ‚Theories of world politics' dienen viele Schaubilder und Beispieltexte, sowie die Zusammenstellung der wichtigsten Aussagen der Ansätze am Ende der Kapitel der Verständlichkeit der Materie und gestalten sie für den Leser anschaulich. Auch die Fragen mit denen die verschiedenen Abschnitte abgeschlossen werden sind hilfreich und können als Selbsttest genutzt werden.

Obwohl Hartmann keine Schaubilder verwendet gelingt es ihm durch den schrittweisen Aufbau seines Textes eine gute Verständlichkeit zu gewährleisten. Sowohl in ‚Theories of world politics' als auch in ‚Internationale Beziehungen' sind die Kapitel in einzelnen Sinneinheiten verfasst, so dass sich die Bücher auch zum nachlesen einzelner Begriffe gut eignen.

2.2   Ziele der Autoren

Ziel beider Einführungen ist es dem Studierenden die Möglichkeit zu geben sich in relativ kurzer Zeit über die Hauptthesen der Internationalen Beziehungen zu informieren.

In ‚Theories of world politics' wird dieses Anliegen von den Autoren wie folgt beschrieben: „[…] we want you to be able to grasp the main themes of the theories that have been most influential in explaining world politics."[7] Der Schwerpunkt der Erörterung soll also auf den einflussreichsten Theorien liegen, was auch sinnvoll erscheint, da diese für Neulinge einen guten Ausgangspunkt bieten. Durch die Hinweise auf weiterführende Literatur ist es möglich sich zu den einzelnen Theorieansätzen näher zu informieren.

---

[7] Baylis/Smith: Globalization. S.139.

Das zweite Ziel von ‚Theories of world politics' ist es „to give you the overview of theory that you need to be able to assess the significance of globalization for our understanding of world politics."[8] Dieses Ziel wird im Verlauf des Textes durch die Überprüfung der Theorien auf ihre Berücksichtigung von Globalisierungsphänomenen erreicht. Ein weiteres wichtiges Ziel der Autoren ist es dem Leser genug Informationen zu liefern um selbst zu entscheiden, welche der Theorien er am überzeugendsten findet.[9]

Auch Jürgen Hartmann hat das Ziel, dem Leser einen Einblick in die Theorieansätze der Internationalen Beziehungen zu bieten. Er begrenzt seine Ausführungen jedoch auf die „wichtigsten Varianten des Mainstream"[10] namentlich den Realismus, den Liberalismus, deren Neo-Varianten und Konstruktivismus. Hartmann möchte erreichen, dass der Leser am Ende seiner ‚Theorierevue' weiß, „woher die Herangehensweisen in den Internationalen Beziehungen kommen, was sie vermutlich recht gut leisten und wo sie Fragen offen lassen".[11] Sein eigentliches Anliegen ist es jedoch Veränderungen in der praktischen Welt der Internationalen Beziehungen aufzuzeigen und die dadurch verstärkte Heranziehung der Schulen, die weltwirtschaftliche Probleme, das Denken der Menschen und Gesellschafts- bzw. Geschichtsbilder in den Mittelpunkt der Analyse stellen.[12]

2.3   Methode

Um die oben beschriebenen Ziele zu erreichen werden von den Autoren verschiedene Methoden herangezogen. Während bei ‚Theories of world politics' auf einer Seite (S.139) relativ kurz die Ziele des Kapitels erläutert werden und dann ziemlich direkt zum theoretischen Teil übergegangen wird schafft Hartmann einen ‚fließenden' Übergang in die Materie durch einen kurzen Streifzug durch die Anfänge der Teildisziplin der Internationalen Beziehungen (S.13-22), in dem dem Leser vermittelt wird, wie es zu der Entwicklung der verschiedenen Theorien kam. Hierdurch wird die

---

[8] Ebenda
[9] Vgl. Baylis/Smith: Globalization. S.139.
[10] Hartmann: Internationale Beziehungen. S.12.
[11] Ebenda
[12] Vgl. Ebenda.

Notwendigkeit der Entstehung der Ansätze deutlich („Die IB verdanken ihre Entstehung dem Staat und dem Krieg."[13]) und es fällt durch diesen kurzen Abriss der historischen Hintergründe leichter den anschließenden Erörterungen zu den Theorien zu folgen. Anschließend werden von Hartmann „[…] aktuelle Akteure und Regionen der Weltpolitik umrissen"[14]. Gerade dieser Teil des Buches macht es auch für Leser interessant, die ihre neu gewonnenen Kenntnisse über Theorien der Weltpolitik anwenden möchten. Hartmann bietet nach seinen Ausführungen zu den USA, Russland, Europa, Asien, dem Nahen Osten, Lateinamerika und Afrika stets Anregungen bzw. Lösungen wie die weltpolitische Stellung der Regionen auf der Grundlage der Theorien der Internationalen Beziehungen zu deuten sind.

Die Autoren von ‚Theories of world politics' beginnen die Unterkapitel zu den vorgestellten Theorien stets mit einem sog. „Reader´s Guide", in dem eine kurze Vorschau auf die folgenden Inhalte gegeben wird und eventuell zu klärende Fragen aufgeworfen werden. Es folgt eine Einführung, in der kurz die historische Entstehung der Ansätze und ihre Stellung in der wissenschaftlichen Debatte bzw. der Welt der Staatslenker umrissen wird. Anschließend folgen verschiedene Kapitel, die sich nach den aufgeworfenen Fragen richten und die Hauptaspekte der einzelnen Theorien vorstellen. Abschließend werden in einer ‚Conclusion' die jeweils wichtigsten Aspekte hervorgehoben, Fragen aufgeworfen oder auf die Berücksichtigung von Globalisierung eingegangen. Das Kapitel ist insgesamt sehr übersichtlich gestaltet und nicht zuletzt die zahlreichen ‚case studies', Begriffserläuterungen, Kritikerstimmen und Schaubilder verleihen ihm seinen Lehrbuchcharakter.

3 Darstellung der Theorien der Internationalen Beziehungen im Vergleich

3.1 Realismus und Neo-Realismus

Die Überschrift des Theorieteils von Jürgen Hartmann ‚Theorien der IB im historischen und fachlichen Kontext' beschreibt ziemlich genau seinen Inhalt. Er erläutert

---

[13] Ebenda. S.13.
[14] Hartmann: Internationale Beziehungen. S.12.

sowohl die historische Entstehung der Theorien als auch deren Ansehen und Stellung in der politikwissenschaftlichen Debatte. So nähert sich Hartmann dem Realismus über Edward Hallett Carr, der „lediglich einige politischen Beobachtungen in der düsteren Atmosphäre zwischen den beiden Weltkriegen verallgemeinern"[15] wollte und dessen Schlussfolgerungen im Kern schon das gesamte Programm der Realisten beinhaltet.[16] Die Kernpunkte dieses Programms werden von Hartmann vor allem durch die Beschränkung auf die Territorialität bei gleichzeitiger Vernachlässigung des Innenlebens des Staates und durch das Recht des Stärkeren („Moral und Ideen sind Schall und Rauch"[17]) charakterisiert. Als Begründer sieht Hartmann Hans Morgenthau und sein grundlegendes Werk ‚Politics among Nations'[18], in dem Morgenthau die These aufstellt, dass in der Beziehung zwischen Staaten diese nach ihren Interessen handeln. Hierbei ist zu berücksichtigen, dass Interesse mit Macht umschrieben wird und Macht in Max Webers Sinne als die Fähigkeit, anderen den eigenen Willen aufzuzwingen, definiert wird.[19] In diesem Sinne sieht die realistische Schule Krieg als Interessenkonflikt und hält nur den Gebrauch von Gegenmacht für eine wirkungsvolle Antwort auf aggressiv gebrauchte Macht.[20] Als weitere Annahme des Realismus geht Hartmann auf die Ambition Morgenthaus ein, das äußere Verhalten von Staaten in Gesetzen unterzubringen, die dieses Verhalten vorhersehbar machen.[21] Diesen Versuch stellt Hartmann in Frage, indem er die Frage aufwirft ob Staaten, die von Morgenthau als Kollektive gesehen werden, überhaupt ein gemeinsames Interesse haben können.[22] Abschließend kritisiert Hartmann Morgenthau noch durch seinen Ausruf „Der Realismus bedient sich aus einem historischen Setzkasten!"[23]. Er begründet diesen Vorwurf durch die zahlreichen Beispiele aus Neuzeit und sogar Antike, die Morgenthau anführt um seine Thesen zu belegen. Morgenthau stellt hier zu Recht fest: „Die Staaten ändern sich".[24] Hartmann nennt zwar die meisten

---

[15] Hartmann: Internationale Beziehungen. S.24.
[16] Vgl. Hartmann: Internationale Beziehungen. S.24.
[17] Ebenda
[18] Vgl. Ebenda. S.25.
[19] Vgl. Ebenda.
[20] Vgl. Ebenda.
[21] Vgl. Ebenda. S.26.
[22] Vgl. Ebenda. S.27.
[23] Vgl. Ebenda. S.31.
[24] Ebenda. S.30.

Hauptthesen des Realismus erscheint jedoch im Vergleich zu den Ausführungen in ‚Theories of world politics' etwas oberflächlich. Das hängt gewiss auch damit zusammen, dass der Schwerpunkt seines Buches eher im praktischen Teil liegt, dennoch würde sich zum besseren Verständnis der Annahmen des Realismus die Lektüre ausführlicherer Texte empfehlen.

Differenzierter erscheinen die Ausführungen der Autoren Tim Dunne und Brian C. Schmidt zum Realismus in ‚Theories of world politics'. Die Ansätze, die im Allgemeinen unter dem Oberbegriff Realismus zusammengefasst werden, werden von den beiden Autoren zunächst weiter unterteilt in eine zeitliche Periodisierung. Hierbei legen sie drei Abschnitte fest: ‚Classical realism' (bis ins zwanzigste Jahrhundert), ‚modern realism' (1939-1979) und ‚neo-realism' (ab 1979). Da diese zeitliche Abgrenzung aus Sicht der Autoren jedoch die Mannigfaltigkeit der Erscheinungsformen des Realismus nicht klären kann, schlagen sie eine thematische Abgrenzung vor, die wie folgt aussieht: ‚Structural Realism I", ‚Structural Realism II', ‚Historical or practical realism' und ‚liberal realism'.[25] Hierbei grenzen sich ‚Structural Realism' und ‚Structural Realism II' dadurch voneinander ab, dass die erste Variante desselben den „endless struggle for power"[26] durch die Natur des Menschen begründet und die zweite Variante durch das „anarchial system".[27] ‚Historical Realism' wird von den Autoren dadurch charakterisiert, dass dieser es zu den Aufgaben der Staatslenker zählt, weltpolitische Veränderungen mit in ihr Handeln einzubeziehen und nicht an zeitlosen Wahrheiten festzuhalten.[28] ‚Liberal realism' weist laut Dunne und Schmidt das negative Weltbild der anderen realistischen Unterformen zurück und glaubt an die Möglichkeit der Kriegsvermeidung durch Diplomatie und internationale Gesetze.[29]

Im weiteren Verlauf gehen die Autoren noch auf die sog. „three Ss"[30] des Realismus ein, die für ‚statism', ‚survival' und ‚self-help' stehen. ‚Statism', weil der Staat unveränderlich der wichtigste Akteur im internationalen System bleibt; ‚Survival', weil Überleben das oberste Ziel eines jeden Staates ist und 'self-help', weil jeder Staat

---

[25] Vgl. Dunne, Tim u. Schmidt, Brian C.: Realism. In: Baylis/Smith: Globalization. S.141-161. S.147-149.
[26] Vgl. Ebenda. S.149.
[27] Ebenda.
[28] Vgl. Ebenda. S.147.
[29] Vgl. Ebenda. S.149.
[30] Vgl. Ebenda. S.150.

selbst sein Überleben sichern muss.[31] Zum Thema Globalisierung, dass bei Dunne und Schmidt in der ‚Conclusion' Beachtung findet, halten die beiden Autoren abschließend fest: „A realist has no problem understanding aspects of the globalization of world politics – indeed structural realists could claim to have theorized more completely the nature of the international system than any other paradigm on offer."[32] Dem Ansatz des Neo-Realismus widmet Jürgen Hartmann ein fünfzehnseitiges Kapitel, während die Autoren von ‚Theories of world politics' an dieser Stelle Platz sparen und diesen Aspekt in einem Atemzug mit dem Neo-Realismus behandeln. Teile des Neo-Realismus wurden jedoch von den Autoren auch schon in ihrem Realismuskapitel besprochen und es folgt immerhin noch ein kurzes Kapitel über die Ansichten der Vertreter der beiden Neo-Varianten zum Thema der Globalisierung.

Hartmann nähert sich dem Neo-Realismus über Kenneth Waltz, seinem Begründer[33], und der von ihm aufgestellten Unterscheidung der drei Bilder (‚three images') der Internationalen Beziehungen. Waltz unterschied die folgenden drei Bilder: Beschaffenheit der Menschheit (‚first image'), das Bild der innerstaatlichen Interessen bzw. die Außenpolitik als Reflex der Innenpolitik (‚second image') und das Bild der zwischenstaatlichen Interaktionen (‚third image').[34] Hartmann merkt an, dass sich Waltz im Grunde nur für das dritte dieser Bilder interessierte. Im weiteren Verlauf des Kapitels stellt Hartmann zunächst die Gemeinsamkeiten des neo-realistischen Modells heraus. Diese liegen laut Hartmann hauptsächlich darin, dass auch Vertreter dieser Theorie der Auffassung sind, dass gegen drohende oder erlittene Verletzungen der Souveränität eines Staates nur „die vorsorgliche Demonstration von Stärke oder das Heimzahlen in gleicher Münze bzw. der Krieg"[35] helfen. Da sich die Staatenwelt auch bei Waltz ausschließlich auf das Sicherheitsmoment konzentriert, bescheinigt Hartmann ihm die Eindimensionalität der klassischen Realisten.[36] Hartmann übt zwar Kritik am neo-realistischen Modell, diese Kritik ist jedoch nicht einseitig, da er auch die anderen Ansätze bei dieser Kritik nicht außen vor lässt.

---

[31] Vgl. Ebenda. S.155.
[32] Dunne, Tim u. Schmidt, Brian C.: Realism. In: Baylis/Smith: Globalization. S.141-161. S.159.
[33] Vgl. Hartmann: Internationale Beziehungen. S.34.
[34] Vgl. Ebenda.
[35] Ebenda. S.36.
[36] Vgl. Ebenda. S.38.

Laut Hartmann lösen sich die neueren neo-realistischen Arbeiten immer mehr von der Bindung Waltz´ und anderer an die Zeit des kalten Krieges.[37] Dies scheint in Anbetracht der weltpolitischen Entwicklung nach dem kalten Krieg, besonders durch den Verlust der Bipolarität im internationalen System, durchaus sinnvoll zu sein. Weitere Kritikpunkte an den Neo-Realisten, die Hartmann anführt, sind das Ausblenden der Dritten Welt aus ihrem Politikbild, die Ablehnung internationaler Institutionen und Zusammenarbeit, ihre ahistorische Auffassung der Staatenwelt und die ausschließliche Anerkennung der Staaten als Akteure im Internationalen System.[38] Dennoch hält Hartmann die Auseinandersetzung mit dem Neo-Realismus weiter für wichtig, aber schließt seine Betrachtung mit dem Satz: „Die Protagonisten des Neorealismus schreiben ihre Frustrationen und Erwartungen in einer Zeitschrift wie ‚International Security' herunter und hoffen auf schlechtere Zeiten"[39].

Wie bereits erwähnt, fällt die Behandlung des Neo-Realismus in ‚Theories of world politics' deutlich knapper aus. Der Autor, Steven L. Lamy, unterteilt die neo-realistischen Ansätze in drei Strömungen: ‚structural realism' (der auch im Realismus-Kapitels des Buches bereits erörtert wurde), ‚modern realism' und ‚offensive and defensive realism'.[40] Hierbei ist der ‚structural realism' von Waltz geprägt, während der ‚modern realism' von Joseph Grieco, der die Auffassung vertritt, dass Staaten immer sowohl an der Vergrößerung der eigenen Macht interessiert sind als auch daran, wie viel Macht andere Staaten haben, geprägt ist.[41] Die sog. ‚offensive realists' glauben laut Lamy, dass Konflikte im Internationalen System unvermeidbar sind, während ‚defensive realists' der Meinung sind, dass Krieg vor allem wegen seiner hohen Kosten hauptsächlich durch „irrational forces in a society"[42] zustande kommen.

Es kann festgehalten werden, dass die Behandlung der Thematik des Neo-Realismus bei Hartmann detaillierter gestaltet ist, die Beschreibung in ‚Theories of world politics' aber dennoch übersichtlich gestaltet ist und dem Leser einen ersten Einblick in die Materie vermitteln.

---

[37] Vgl. Ebenda. S.40.
[38] Vgl. Hartmann: Internationale Beziehungen. S.46-47.
[39] Hartmann: Internationale Beziehungen. S.48.
[40] Lamy, Steven: Contemporary mainstram approaches: neo-realism and neo-liberalism. In: Baylis/Smith: Globalization. S.182-199. S.185.
[41] Vgl. Ebenda. S.186.
[42] Ebenda. S.188.

3.2   Liberalismus und Neo-Liberalismus

Die realistischen Ansätze in den Internationalen Beziehungen beherrschen weitgehend die Theoriedebatte. Tim Dunne, der Verfasser des Liberalismus-Kapitels in
‚Theories of world politics', spricht den Vertretern der Schule des Liberalismus daher
die Rolle des „leader of the opposition"[43] zu. Er bescheinigt ihnen „strong influence
on the practice of world politics"[44]. Die Hauptthesen des Liberalismus charakterisiert
er durch eine dreidimensionale Definition, in der an erster Stelle die Freiheit des Einzelnen steht, dann die Auffassung, dass der Staat wegen seiner Schutzfunktion ge-
genüber seinen Bewohnern benötigt wird und abschließend, dass der Staat immer
Diener des Volkes sein muss und dies durch demokratische Institutionen gewährleis-
tet werden soll.[45]

Dunne beginnt anschließend den Liberalismus thematisch in ‚liberal internationa-
lism', ‚idealism' und ‚liberal institutionalism' zu differenzieren.[46] Interessanterweise
wird auch hier (wie im Kapitel zum Realismus) eine thematische Unterteilung einer
historischen vorgezogen, was das Verständnis der Unterschiede in den verschiedenen
Theoriesträngen deutlich erleichtert.

Als bekannteste ‚liberal internationalists' benennt Tim Dunne Immanuel Kant und
Jeremy Bentham. Er bezieht sich auf Kant´s ‚Zum Ewigen Frieden', dass laut Dunne,
obwohl es schon vor über zwei Jahrhunderten geschrieben wurde, die „seeds of key
liberal internationalist ideas"[47] enthält. Hiermit meint Dunne insbesondere den
Gedanken, dass Freiheit und Gerechtigkeit durch Vernunft erreicht werden können.
‚Liberal internationalists' verneinen den Blance-of-Power-Gedanken als Politikform
und glauben, dass durch zunehmende Kontakte der Weltbevölkerung untereinander
eine friedlichere Form der Internationalen Beziehungen erreicht werden kann.[48]

Die zweite Unterform, auf die Dunne eingeht ist die des ‚Idealism'. Als Vertreter dieser Theorie führt er J. A. Hobson an, der Imperialismus für einen der Hauptgründe für

---

[43] Dunne, Tim: Liberalism. In: Baylis/Smith: Globalization. S.162-181. S.163.
[44] Ebenda. S.164.
[45] Vgl. Ebenda. S.163.
[46] Vgl. Ebenda. S.165.
[47] Ebenda.
[48] Vgl. Ebenda. S.170.

Konflikte in den Internationalen Beziehungen hielt.[49] Durch den ersten Weltkrieg erkannte der Liberalismus an, dass Frieden kein natürlicher Zustand ist, sondern ein Zustand, der konstruiert werden muss.[50] Als Beispiel für idealistische Prinzipien werden die ‚Vierzehn Punkte' von Woodrow Wilson angeführt, bzw. besonders die von Wilson betonte Notwendigkeit einer „international organization to maintain peace and security".[51]

Als letzte Strömung wird dem Leser der sog. ‚Liberal institutionalism' vorgestellt, der neue Akteure in den Mittelpunkt stellt. So werden die Internationalen Beziehungen als „cobweb"[52] gesehen, in dem neben dem Staat auch transnationale Gesellschaften oder ‚non-governmental organizations' berücksichtigt werden und untereinander interagieren.[53] Interdependenz tritt an die Stelle der absoluten Staatsautonomie und die staatszentrische Sichtweise der realistischen Schule wird zurückgewiesen.

Jürgen Hartmann behandelt die ‚Urform' des Liberalismus nicht gesondert, sondern geht hierauf nur nebenbei in seinem Kapitel zum Neo-Liberalismus und Institutionalismus ein. Auch er stellt den klassischen Liberalismus in die Traditions Immanuel Kant´s[54] und gebraucht in seinem Buch den „Neoliberalismus als Sammelbegriff für kooperationsgestimmte Theorien der IB"[55].

Der Neo-Liberalismus, den Hartmann als das „Ensemble der Gegenentwürfe zum Neorealismus" sieht, setzt im Gegensatz zum Machtkonkurrenzmodell der Neo-Realisten auf internationale Zusammenarbeit.[56] Er widmet sich anschließend den Regimetheorien. Die Institutionalisten, also die Verfechter dieser Theorien und auch Neo-Liberalisten, teilen sich in zwei Lager. Das eine Lager stellt die internationalen Institutionen in ihrem Gewicht unter die Staaten, das andere neben die Staaten.[57] Beide Lager sehen internationale Institutionen (Regime) als erfolgreiche Problemlösungsinstanz.

---

[49] Vgl. Dunne, Tim: Liberalism. In: Baylis/Smith: Globalization. S.162-181. S.167.
[50] Vgl. Ebenda.
[51] Vgl. Ebenda. S.168.
[52] Vgl. Ebenda. S.170.
[53] Vgl. Ebenda.
[54] Vgl. Hartmann: Internationale Beziehungen. S.49.
[55] Ebenda. S.50.
[56] Vgl. Ebenda. S.49.
[57] Vgl. Ebenda. S.50-51.

Jürgen Hartmanns erklärtes Ziel einen „besseren Zugang zur reichhaltigen Mainstream-Literatur" zu bieten wird in diesem Teil seines Buches nur teilweise erreicht. Durch die ständigen Sprünge zwischen den verschiedenen Formen von Liberalismus bzw. Neo-Liberalismus oder Institutionalismus verwirrt er den Leser nur unnötig.

Sehr knapp aber dafür auch sehr übersichtlich ist das Kapitel ‚Neo-liberalism' in ‚Theories of world politics' (S.188-191) gestaltet. Wie bereits in den vorangegangenen Kapiteln werden verschiedene Unterformen der Haupttheorie herausgearbeitet bzw. differenziert. In diesem Fall sind es als Unterformen des Neo-Liberalismus der ‚commercial liberalism', ‚republican liberalism', ‚sociological liberalism' und ‚neo-liberal institutionalism'. Der Letzte dieser Ansätze fand bereits im vorherigen Kapitel (‚Three liberal responses to globalization'. S.171-177) Beachtung und wird nun im Zusammenhang mit der Neo-Variante des Realismus wiederholt.

Während von Lamy ‚commercial liberalism' durch „free trade and a market or capitalist economy"[58] charakterisiert wird, steht ‚republican liberalism' ganz im Zeichen der ‚democratic peace theory', die davon ausgeht, dass sich demokratische Staaten untereinander nicht bekriegen.[59] Lamy merkt an, dass diese beiden Formen des Liberalismus bzw. Neo-Liberalismus in Verbindung miteinander die Kernziele der Außenpolitik der größten Weltmächte, wie die der USA und ihrer G-8 Partner, widerspiegeln.[60] Es folgt die Darstellung des ‚sociological liberalism' und des ‚neo-liberal institutionalism'. Während beim ‚sociological liberalism' als wichtigste Merkmale die „notion of community and the process of interdependence"[61] herausgestellt werden, wird der ‚neo-liberal institutionalism' von Lamy als „most convincing challenge to realist and neo-realist thinking"[62] geehrt. ‚Neo-liberal institutionalists' sehen Institutionen als Mittel um Kooperation im internationalen System zu erreichen. Sie

---

[58] Lamy, Steven: Contemporary mainstram approaches: neo-realism and neo-liberalism. In: Baylis/Smith: Globalization. S.182-199. S.188.
[59] Vgl. Ebenda.
[60] Vgl. Ebenda.
[61] Vgl. Ebenda
[62] Ebenda. S.189.

gestehen dennoch ein, dass sich Kooperation in Bereichen in denen zwischen Staaten nicht dieselben Interessen bestehen schwer gestaltet.[63]

Eine Frage die sich jedem, der sich mit den Ideen des Neo-Realismus bzw. –Liberalismus beschäftigt hat, an irgendeinem Punkt stellen dürfte ist: Wie groß sind die Unterschiede zwischen diesen beiden Ansätzen überhaupt? Steven L. Lamy sieht die sog. ‚neo-neo debate' als „intra-paradigm debate"[64] und hält fest, dass Neo-Realisten und Neo-Liberalisten einfach unterschiedliche Bereiche der internationalen Politik untersuchen. Während sich Neo-Realisten hauptsächlich mit Militär- und Sicherheitsfragen beschäftigen, setzen sich Neo-Liberalisten mit politisch-ökonomischen, Umwelt- und Menschenrechtsfragen auseinander.[65]

Zusammenfassend kann gesagt werden, dass die Ausführungen zu den (neo-) liberalistischen Ideen von Hartmann zwar ausführlich, jedoch relativ unübersichtlich und in ‚Theories of world politics' zwar übersichtlich aber relativ knapp beschrieben wurden.

4 Darstellung der Akteure und Regionen der Weltpolitik bei Jürgen Hartmann

In diesem Teil seines Buches umreißt Jürgen Hartmann aktuelle Akteure und Regionen der Weltpolitik. Nach dem vorigen Kapitel, in dem die theoretischen Grundlagen ‚erarbeitet' werden mussten, stellen die folgenden Kapitel eine angenehme Abwechslung da und der Leser sieht wie die die Theorien der Internationalen Beziehungen in der Praxis Anwendung finden.

Hartmann geht auf die USA, Russland, Europa, Asien, den Nahen Osten sowie Lateinamerika und Afrika ein und bietet hiermit ein Spektrum der wichtigsten Akteure in der Weltpolitik.

---

[63] Vgl. Ebenda. S. 191.
[64] Ebenda. S.193.
[65] Vgl. Ebenda.

Zunächst widmet sich Hartmann den Vereinigten Staaten von Amerika, der einzigen nach dem Kalten Krieg verbliebenen Weltmacht.[66] Hierbei sieht Hartmann den Weltmachtstatus der USA nicht allein in ihrer Fähigkeit fernab ihrer Grenzen Einfluss auf Entwicklungen zu nehmen, sondern auch in ihrer „soft power".[67] Diese ‚soft power' beschreibt Hartmann mit einer Aufzählung: „Jeans, Fast food, TV-Serien, Pop-Musik und eine internationale Lingua franca"[68]. Im folgenden Teil erörtert Hartmann die historischen Entwicklungen, die von Amerika als Staat, dem der Atlantik als Wassergraben reichte um sich vor Bedrohungen zu schützen[69] zum Amerika, das wir heute kennen. Es ist hierbei zu berücksichtigen, dass er das Buch vor dem elften September geschrieben hat.[70] Er geht in den folgenden Abschnitten dieses Kapitels sowohl auf innenpolitische als auch auf, gesellschaftliche, militärische und ökonomische Potenziale und Interessen der verbliebenen Supermacht ein. Laut Hartmann droht den USA offenkundig keine unmittelbare Gefahr.[71] Er sieht hinter der dramatischen Sicherheitsvokabel nur noch ein präzisierungsbedürftiges Reservoir an Interessen.[72] Diese Interessen sieht Hartmann hauptsächlich in der Freiheit der Meere als Grundlage des Welthandels und dem Zugang zu Energiequellen und Rohstoffen.[73]

Bei der Einschätzung, welcher der Theorieansätze auf die USA am besten anzuwenden ist, merkt Hartmann zunächst an, dass die Suche der Vereinigten Staaten nach Legitimität in der Staatenwelt eigentlich gegen die Anwendung des neo-realistischen Modells spricht.[74] An anderer Stelle sieht er jedoch Waltz mit seiner Vorstellung des Internationalen Systems, dem sog ‚third image', bestätigt, da er bei den USA eine Skala nach Regionen gestufter Interessen und deren Einschränkung durch andere große Staaten erkennt.[75] In ökonomischen Fragen würde Hartmann wohl zunächst neo-liberalistische Modelle zur Erklärung heranziehen[76]. Dennoch sieht er das

---

[66] Vgl. Hartmann: Internationale Beziehungen. S.12.
[67] Ebenda. S.78.
[68] Ebenda.
[69] Vgl. Ebenda. S.80.
[70] Vgl. Anhang.
[71] Vgl. Ebenda. S.90.
[72] Vgl. Ebenda. S.91.
[73] Vgl. Hartmann: Internationale Beziehungen. S.91.
[74] Vgl. Hartmann: Internationale Beziehungen. S.34.
[75] Vgl. Ebenda. S.102.
[76] Vgl. Ebenda.

Mitwirken der USA in internationalen Handels- und Finanzregimen kritisch, da diese nur solange kooperativ sind, wie es ihren Interessen dient und sich in bestimmten Fällen auch der Unilateralismus zu Wort meldet.[77]

Der nächste Akteur auf den Jürgen Hartmann eingeht ist Russland. Hier gestaltet sich die Einordnung etwas schwieriger. Hartmann zieht zunächst den Vergleich zur Sowjetunion, von der Russland den größten Teil seines Staatsgebiets und den wichtigsten Teil ihres Staatsapparates geerbt hat. Obwohl Hartmann die Legitimität der russischen Demokratie als schwach einstuft, sieht er Wahlen und Öffentlichkeit dennoch als wichtige Elemente.[78] Da Russland in hohem Maße an internationale Finanzinstitutionen gebunden ist um der Verschlechterung der Lebensverhältnisse Einhalt zu gebieten kann mit Morgenthau und Waltz hier nicht argumentiert werden. „Derlei ist nichts für die heroische Machtkonkurrenzwelt eines Morgenthau oder für das Gerangel um Sieg und Platz in der klinisch-kühlen Atmosphäre einer kopfgesteuerten Staatenhierarchie Waltzschen Formats"[79], schlussfolgert Hartmann. Dennoch hält er den neo-realistischen Ansatz, aufgrund der Geopolitik als eine wichtige Koordinate russischer Außenbeziehungen, für die Bewertung der russischen Außenpolitik als am ehesten geeignet an.[80] Dies leitet Hartmann auch aus dem Waltzschen ‚second image', der Innenpolitik als Faktor der Außenpolitik, ab. Hier lässt sich laut Hartmann zeigen, dass die Regierung, anders als in den USA, einen nach außen hin weiten und von der Gesellschaft nicht groß beeinträchtigten Spielraum besitzt.

Europa wird von Jürgen Hartmann primär unter dem Aspekt einer bereits institutionalisierten Zusammenarbeit betrachtet. Das heißt, er betrachtet die Europäische Union (EU) als Institution, durch die die nationalen Interessen der Mitgliedstaaten nach außen artikuliert werden.[81]

Bei seiner Untersuchung des ‚second image' kommt Hartmann zu dem Schluss, dass es in die Verhandlungsprozesse der EU integriert ist. Durch die Gemeinsamkeit der demokratischen Verfassungen funktionieren die aus den Verhandlungen hervorge-

---

[77] Vgl. Ebenda. S.105.
[78] Vgl. Ebenda. S.107.
[79] Ebenda. S.118.
[80] Vgl. Ebenda. S.131
[81] Vgl. Hartmann: Internationale Beziehungen. S.133.

henden Kompromisse.[82] In der Mitgliedschaft sämtlicher EU-Staaten in der Organisation für Sicherheit und Zusammenarbeit in Europa (OSZE) sieht Hartmann die Rational-Choice-Theorie bestätigt, da die Mitglieder mit der Kooperation Vorteile wie z.B. Sicherheitsgewinn erzielen.[83]

Das Verhältnis zwischen den USA und Europa beschreibt er als Verhältnis zwischen Senior- und Juniorpartner und folgert hieraus: „Realisten und Neorealisten könnten diese Vorgänge gut bearbeiten."[84]

Hartmann beschreibt im weiteren Verlauf noch die Beispiele Asien, den Nahen Osten, Lateinamerika und Afrika. Hierauf soll nicht näher eingegangen werden, da dies den Rahmen der Arbeit sprengen würde.

Die Darstellung der verschiedenen Akteure wird von Hartmann interessant und verständlich gestaltet und bietet auch Lesern mit wenig Spezialwissen zu den Regionen die Möglichkeit einen Einblick in die Materie zu gewinnen.

7   Kritische Würdigung

Abschließend kann gesagt werden, dass beide Einführungen dem Leser ein breites Informationsspektrum bieten und dieses auch verständlich und interessant vermitteln. Das Ziel der Autoren dem Leser es hierdurch zu ermöglichen sich eine eigene Meinung zu den Theorien der Internationalen Beziehungen zu bilden wurde erreicht auch wenn es sich dennoch schwierig gestaltet sich auf eine der Theorien festzulegen. Hilfreich für derartige Überlegungen ist die Lektüre der von Hartmann behandelten Akteure der Weltpolitik, da er hier zeigt, wie die in den von ihm besprochenen Regionen auftretenden Phänomene mit der Hilfe verschiedener Theorien erklärt werden können. Durch diesen Überblick schafft es Hartmann auch die wichtigsten Entwicklungen und Positionen der Länder zu vermitteln, die nötig sind um aktuelle Probleme beurteilen zu können. Obwohl das Kapitel ‚Internationale Organisationen und Re-

---

[82] Vgl. Ebenda. S.137.
[83] Vgl. Ebenda. S.143.
[84] Ebenda. S.147.

gime' in seinem Buch sehr knapp gehalten ist, ist seine Einführung ‚Internationale Beziehungen' insgesamt gelungen und durchaus empfehlenswert.

Die Autoren von ‚Theories of world politics' schaffen es durch den guten Aufbau ihrer Kapitel und die thematischen Unterteilungen der Theorien die zum Teil stark miteinander verflochtenen Ansätze zu entwirren und ermöglichen es auch Neulingen den Einstieg zu schaffen. Auch die zahlreichen ‚Boxes' mit Begriffserläuterungen, ‚case studies', Diagrammen und Zusammenfassungen erleichtern es dem Leser die Thesen der Vertreter bestimmter Theorien zu begreifen.

Jürgen Hartmanns so bedrohlicher klingender Satz: „ Die politikwissenschaftliche Teildisziplin der Internationalen Beziehungen macht es dem Neuling auf diesem Feld, der sich zwischen zwei Buchdeckeln kompakt informieren möchte, nicht leicht"[85] hat sich also nicht bewahrheitet. Auch wenn Themen wie die Theoriendebatte in den Internationalen Beziehungen zunächst abschreckend wirken mögen, so haben die Autoren der beiden Bücher es geschafft diesen ‚Hürdenlauf' für einige Leser einfacher zu gestalten.

---

[85] Hartmann, Jürgen: Internationale Beziehungen. Opladen 2001. S.9.

5 Literaturverzeichnis

- Dunne, Tim u.a.: Part Two. Theories of World Politics. In: Baylis, John u. Steve Smith: The Globalization of World Politics. An Introduction to international relations. Baylis, Smith u. Smith, Steve (Hrsg.). 2.Aufl.. New York 2001. S.139-249.

- Hartmann, Jürgen: Internationale Beziehungen. Opladen 2001.

Anhang

Email von Jürgen Hartmann

Manfred Mustermann

From:	"Jürgen Hartmann" <juergen.hartmann@unibw-Hamburg.de>
To:	"Manfred Mustermann" <manfred@mustermann.de>
Sent:	Freitag, 14. März 2003 11:03
Subject:	Re: UTB-Buch Internationale Beziehungen

Sehr geehrter Herr Mustermann,

das Buch ist im Mai 2001 erschienen, 9/11 ist darin also nicht berücksichtigt. Das ist ja leider das Gemeine an politikwissenschaftlichen Büchern, dass sie in bewegten Zeiten durch dramatische Ereignisse überholt werden.

Beste Grüße
J. Hartmann

Manfred Mustermann schrieb:

Sehr geehrter Herr Prof. Dr. Hartmann,
da ich z.Zt. im Rahmen einer Seminararbeit die Aufgabe habe Ihr Buch "Internationale Beziehungen" zu rezensieren, hätte ich hierzu eine Frage: Haben Sie das Buch vor dem elften September geschrieben oder danach. Sie schreiben zwar auf S.93, dass der internationale Terrorismus sich im Ausland und in den USA US-Bürger als Ziel für Anschläge ausgewählt hat, mir ist jedoch nicht ganz klar, ob Sie dies auf andere Anschläge vor dem 11.September bezogen haben oder nicht.

Für Ihre Hilfe wäre ich Ihnen sehr dankbar!

Mit freundlichen Grüßen, Manfred Mustermann